15

LA FRANC-MAÇONNERIE

CE QU'ELLE A ÉTÉ, CE QU'ELLE EST

ET CE QU'ELLE DEVRAIT ÊTRE

SUIVIE

DE LA LETTRE ÉCRITE AU ROI GUILLAUME DE PRUSSE

LE 21 NOVEMBRE 1870

PAR

HIPPOLYTE LAZERGES

PEINTRE D'HISTOIRE

CHEVALIER DE LA LÉGION D'HONNEUR

BAYLOT

IMPR 1075

LA FRANC-MAÇONNERIE

CE QU'ELLE A ÉTÉ;
CE QU'ELLE EST; CE QU'ELLE DEVRAIT ÊTRE

PAR

HIPPOLYTE LAZERGES,

PEINTRE D'HISTOIRE,

CHEVALIER DE LA LÉGION – D'HONNEUR,

CHEV∴ R∴ ✠

PAMIERS,

IMPRIMERIE DE T. VERGÉ.

—

1871.

FMB Impr.
1075

AVANT-PROPOS.

Profondément frappé du spectacle navrant qu'offre depuis vingt ans la décadence de la Franc-Maçonnerie ;

Douloureusement attristé de l'indifférence toujours croissante de la grande majorité des Francs-Maçons ;

Persuadé, enfin, qu'il est nécessaire d'oser dire la vérité, sur les causes de cet état de dégénérescence morale, je me suis mis à l'œuvre avec la ferme volonté de tout tenter pour arrêter la marche des fléaux destructeurs, qui compromettent la dignité de la Franc-Maçonnerie, arrêtent dans sa source le bien qu'elle peut faire et menacent son existence.

Je me suis donc attaché à expliquer la Franc-Maçonnerie sous une forme légendaire : j'ai essayé de montrer, d'une manière évidente, ce qu'elle a été, ce qu'elle est, et ce qu'elle pourrait être.

Il ne faut pas l'oublier : à notre époque de liberté et de progrès, conquis et accompli par la transformation successive de toutes les institutions politiques et populaires, la Franc-Maçonnerie, en tant que société secrète, a, pour ainsi dire, perdu sa raison d'être ; et, par ce fait, il ne faut pas s'étonner de voir le nombre de ses adversaires augmenter chaque jour.

Ce n'est donc que par une organisation nouvelle, basée sur des principes philosophiques, sérieux et pratiques, se proposant un but défini et sincère, capable de démontrer ce que peut une association d'hommes dont les aspirations communes sont l'amour du beau, du vrai et du bien, que la Franc-Maçonnerie pourra vivre, exercer une salutaire influence sur le progrès moral et intellectuel du peuple et justifier la conservation de ses mystères, de ses rites et de ses symboles traditionnels.

Enfin, c'est par des actes extérieurs, d'un caractère grand et élevé que la Franc-Maçonnerie prouvera victorieusement son utilité sociale.

15 mars 1871.

LA FRANC-MAÇONNERIE

CE QU'ELLE A ÉTÉ;

CE QU'ELLE EST ; CE QU'ELLE DEVRAIT ÊTRE.

« Bien penser : Bien dire :
Bien faire. »

I.

La Franc-Maçonnerie, au dix-neuvième siècle, n'est plus et ne peut plus être la Franc-Maçonnerie des temps antiques.

Son histoire glorieuse, dont l'origine se perd dans la nuit des temps, a été écrite et commentée par tant d'écrivains éminents qu'un commentaire nouveau n'ajouterait rien à son rayonnement dans le monde.

Cependant, sans remonter à ces siècles héroïques, féconds en courage et en dévouement, où la Franc-Maçonnerie était un sacerdoce, l'histoire de tous les peuples nous apprend qu'à chaque époque de régénération sociale, l'humanité a dû le triomphe de ses vérités au génie, à la volonté, à la persévérance et à l'abnégation d'un petit

nombre d'hommes, unis dans un but commun :
le bonheur de leurs frères.

Ces hommes, ces sages, ces philosophes, ces
héros même, dont la vie toute entière était une
lutte perpétuelle contre les mauvaises passions,
étaient Franc-Maçons.

Sans doute, ils ne tenaient pas absolument du
principe d'association qui les unissait leur vertu
et leur science ; mais dans cette société libre et
fraternelle ils avaient trouvé un milieu admirablement organisé pour l'étude de leurs théories,
à l'abri des persécutions dont, sans cesse, ils
étaient l'objet.

La Franc-Maçonnerie fut donc, dans ces siècles
passés, le seul asile où tout homme, cherchant
le bonheur de ses frères dans l'application du
droit, de la justice et de la liberté, put trouver
un appui et un dévouement absolu.

La mission de la Franc-Maçonnerie, dans
l'antiquité, fut plus spéculative que pratique : ses
travaux consistaient particulièrement dans l'étude
philosophique des grandes lois morales et sociales
qui, plus tard, devaient pénétrer dans la constitution politique des nations : aussi, le jour où
le peuple de 1789, dans sa lutte terrible du droit
contre l'absolutisme, de la justice contre l'arbitraire et de la liberté contre l'esclavage et l'as-
servissement intellectuel, proclama la devise

Maçonnique : *Liberté*, *Égalité*, *Fraternité!* le triomphe de la Franc-Maçonnerie antique fut un fait accompli ; car elle venait de remporter une victoire immortelle sur l'esprit des ténèbres et du despotisme qui, jusque-là, avait courbé l'humanité sous son joug de fer.

Cette victoire remportée, la Franc-Maçonnerie antique, ayant terminé son œuvre philosophique, léguait à la Franc-Maçonnerie moderne, une œuvre aussi grande à accomplir, plus difficile peut-être : l'étude pratique et l'application des principes qu'elle n'avait fait que proclamer.

La Franc-Maçonnerie au dix-neuvième siècle, n'est donc et ne peut plus être la Franc-Maçonnerie des temps antiques.

II.

La constitution moderne de la Franc-Maçonnerie porte, gravée sur son fronton, la définition suivante :

« L'ordre des Franc-Maçons a pour objet la « bienfaisance, l'étude de la morale universelle « et la pratique de toutes les vertus ;

« Il a pour base, l'existence de Dieu, l'immor- « talité de l'âme et l'amour de l'humanité. »

La Franc-Maçonnerie offre donc un vaste

champ d'études aux hommes qui se sont voués à la recherche du vrai, du beau et du bien, en donnant pour but à leurs efforts, la régénération du monde physique, moral et intellectuel.

Devant une mission aussi grande, aussi généreuse, j'ai compris quels devoirs sacrés imposait le titre de Franc-Maçon.

Initié aux mystères de la Franc-Maçonnerie à l'âge de vingt ans, à cet âge où les choses de la vie frappent le cœur plutôt que la raison, je ne vis, dans cette association, qu'un but purement philanthropique, enveloppé de formes mystérieuses et symboliques, qui ne laissaient pas que d'être pleines de charme pour une jeune imagination. Me reposant dans cette douce quiétude, que donne la conscience de faire un peu de bien, je ne cherchais pas autre chose.

Plus tard, la rude épreuve de la vie m'ayant forcé de rechercher la cause de mes souffrances dans celles de mes semblables, je tournai mes regards vers la Franc-Maçonnerie; je lui demandai qu'elle me montrât ce qu'elle avait fait pour la cause de l'humanité, et surtout ce qu'il fallait faire pour venir en aide à cette même humanité, toujours aux prises avec l'injustice, la souffrance et le découragement.

Regardant alors autour de moi, je ne vis qu'un petit nombre de frères, comprenant le véritable

but de la Franc-Maçonnerie; animés des senti-
ments les plus dévoués, mais impuissants et dé-
couragés, luttant en vain contre l'inertie et la
désolante indifférence de la plus grande majorité
de nos frères.

Et cependant! m'écriai-je, la famille Maçonnique est nombreuse; que pensent et que font
tous ses enfants? Hélas! un examen plus appro-
fondi m'apprit bientôt que le plus grand nombre,
parmi eux, s'était fait initier aux mystères
Maçonniques par curiosité au moins autant que
par amour du bien; ne voyant dans la Franc-
Maçonnerie qu'une variété des nombreuses sociétés de bienfaisance, dans laquelle, ils veulent
bien le reconnaître, on prêche une belle morale,
de sublimes doctrines, mais que leur esprit léger
écoute peu, ou que les soins de leurs intérêts
personnels étouffent dans leur âme.

Cette triste analyse me serra le cœur; et quoique rempli de bonne volonté et animé d'un désir
ardent de concourir à l'œuvre commune; regardant mon passé perdu, je ne me trouvai pas plus
digne que mes frères de porter le titre de Franc-
Maçon.

Résolu enfin d'obéir à la voix de ma conscience,
je m'écriai, dans mon âme : Que faut-il faire?...
Aussitôt des voix intérieures se firent entendre,
— un tableau immense se déroula devant moi,

et la vérité se montra vivante à mon esprit.

Les artistes sont en général des rêveurs ; l'habitude de la méditation et le besoin de quitter un moment le monde réel, pour s'élever dans des régions infinies, font qu'ils vivent souvent par la pensée dans des mondes inconnus aux hommes positifs. Ils se plaisent dans ces mondes presque toujours enfantés par la souffrance ou la déception ; ils s'y plaisent, parce que les lois qui gouvernent ces sociétés imaginaires sont basées sur l'amour du beau, la recherche du bien et le dévouement.

C'est dans l'un de ces mondes que m'est apparu, dans toute sa splendeur, le tableau vivant de la Franc-Maçonnerie, telle que l'ont rêvée nos illustres devanciers, et telle que la rêvent encore aujourd'hui tous les véritables Franc-Maçons.

C'est donc un rêve que je vais vous raconter :

III.

Un soir, à l'heure où, dans le sommeil, notre corps fatigué cherche à réparer ses forces épuisées et laisse à l'âme toute liberté de s'élancer dans les régions infinies du rêve, je me sentis transporté dans un lieu sombre et mystérieux ; — un homme vint à moi, radieux de jeunesse et de beauté; sa physionomie était douce et mélancolique; ses yeux brillaient comme deux étoiles. Ému par cette apparition, je restai d'abord immobile, sans voix. Après ce premier moment de surprise, je repris promptement courage. Quel est ton nom? lui dis-je : « Je suis la lumière! » et soudain écartant d'un geste les sombres nuages qui m'enveloppaient, il découvrit à mes yeux étonnés une immense cité, en tout semblable à celles où nous sommes condamnés à vivre, où le vice coudoie la vertu; où la misère inspire des craintes à la richesse, où enfin, le dévouement se débat dans une lutte inégale avec l'égoïsme.

Le cœur rempli de tristesse, je pénétrai dans cet enfer des misères humaines. Mon mystérieux inconnu, marchant à mes côtés, observant l'effet de mes premières impressions, attendit que je voulusse l'interroger.

Dans des rues spacieuses et ornées de splendides monuments, je vis d'abord une population nombreuse, s'agitant en tous sens dans un tumultueux désordre : elle était composée de riches orgueilleux, écrasant de leur luxe effréné les mendiants obséquieux et rampants, qui leur baisaient les pieds pour obtenir une aumône ; je vis des industriels de toutes sortes, aux physionomies astucieuses et vénales, escortés du Mensonge et de la Fraude, se livrer à leurs commerces trompeurs.

Je vis encore, entourant de somptueux équi-
pages couronnés, la foule bariolée des solliciteurs
avides de places et d'honneurs, n'ayant pour tout
mérite que la flatterie basse et menteuse qui plaît
aux grands, parce que pouvant la payer, ils ont le
droit de la commander ; je vis enfin pour dernier
tableau, la cohorte dégoûtante de toutes les infir-
mités physiques et morales, fatale conséquence
du relâchement des mœurs et du raffinement exa-
géré du bien-être matériel.

J'allais détourner mes regards de ce spectacle
navrant qui m'arrachait des cris de douleur et
d'indignation, lorsque le silencieux génie appela
mon attention sur une autre population dont la
présence, si peu apparente au milieu du chaos de
la première, m'avait entièrement échappé. Cette
nouvelle population, relativement peu nombreuse,
se faisait remarquer par un aspect digne et simple
qui inspirait le plus profond respect : les hommes, dont l'abord était doux et bienveillant, por-
taient sur leur physionomie le reflet pur de leur
âme.

M'adressant à mon compagnon : « Quels sont
« ces hommes qui, sans s'inquiéter du tumulte
« dont ils sont entourés, semblent n'être guidés
« que par une seule et même pensée, animés par
« un même sentiment ?

« Ce sont, me répondit-il, des hommes dont

« toute la vie se passe à enseigner la justice, par
« la pratique de toutes les vertus ; ce sont des
« hommes libres, égaux, bons, indulgents et
« dévoués ; ils sont libres, parce qu'entr'eux la
« loi de tous étant la loi pour chacun, ils ont le
« plus grand respect pour la liberté.

« Ils sont égaux, quoique différents par leurs
« aptitudes, leur intelligence, leur tempérament
« et leurs vertus, parce qu'ils sont sans orgueil.

« Ils sont bons, indulgents et dévoués les uns
« envers les autres, parce qu'ils savent qu'ils
« sont tous frères d'un même père, Dieu !

« Enfin ils sont harmonieusement unis, parce
« qu'ils sont convaincus que le but de la vie, pour
« l'homme, c'est le perfectionnement de son être
« physique, moral et intellectuel; et que, pour l'ac-
« complissement de cette œuvre presque surhu-
« maine, le concours de tous est indispensable à
« chacun. Aussi le savoir, la vertu et la richesse,
« parmi ces hommes, ne sont que des auxiliaires
« puissants pour atteindre le but commun.

« Mais, dis-je, ces hommes — les plus parfaits
« parmi les imparfaits — doivent aussi avoir leurs
« passions, et l'esprit du mal qui habite si près
« d'eux doit les tenter ou chercher à troubler leur
« harmonie ?

« Sans doute, et cela est dans les vues du
« grand architecte de l'univers, qui a voulu que

« le mal fût placé à côté du bien afin qu'il y
« eût combat et victoire ; seulement, parmi ces
« hommes, pétris du même limon que les autres
« hommes et soumis aux mêmes faiblesses, le
« mal ne peut se perpétuer, parce que la réparation
« suit toujours la faute, comme le pardon suit
« le repentir. Aussi dans cette association, com-
« posée d'hommes de natures diverses, d'instincts
« et de besoins différents, les jalousies, les haines
« et la vengeance sont ignorées. C'est un im-
« mense orchestre humain, où chacun exécute sa
« partie, avec zèle et conscience et au profit de
« l'harmonie universelle. »

Me prenant alors par la main, mon guide me
conduisit au milieu de cette société. C'était un
jour de fête, la famille était au complet : « Regarde,
« me dit-il, vois ! ces hommes sont beaux de
« cette beauté virile qui est une des splendeurs
« de la nature ; cette beauté tient essentiellement à
« la sobriété de leur vie, à l'emploi intelligent de
« leurs forces physiques et à l'application rai-
« sonnée de leurs facultés intellectuelles. Chez
« eux point de fausse jeunesse ni de vieil-
« lesse anticipée ; à chaque âge sa beauté,
« ses besoins, ses devoirs et ses plaisirs ; les
« enfants sont la joie du foyer comme les fleurs
« du printemps sont le sourire de la nature ; les
« femmes y sont aimées tendrement, ardemment,

« mais avec dignité, sans bassesse ni obsession ;
« les vieillards y sont honorés et respectés, comme
« étant l'image vivante des gloires passées et les
« représentants de la dignité humaine. Enfin, dans
« cette société typique, hommes, femmes, enfants
« travaillent avec cette ardeur, ce zèle et ce
« bonheur qui prouvent que Dieu n'a pas infligé
« le travail à l'homme comme un châtiment, mais
« qu'il le lui a sagement imposé comme le seul
« moyen de le comprendre et de s'élever jusqu'à
« lui. »

Mon guide m'introduisit successivement dans le cabinet du Savant et du Poëte ; dans l'atelier de l'Artiste, de l'Industriel et du simple Ouvrier ; puis il me conduisit encore au milieu de vastes plaines et de riches vallées, où tour à tour se montraient la végétation la plus luxuriante, la culture entendue et pratiquée avec une science raisonnée.

Partout je fus frappé de la perfection qui caractérisait chaque œuvre de l'esprit, chaque produit de l'intelligence et du travail ; rien de créé au hasard, rien d'inutile ; tout avait sa raison d'être et sa juste application. Partout, enfin, régnait le beau, l'utile et le vrai.

L'âme émue en face de ce grand spectacle humain, je compris tout ce que peut la volonté de l'homme guidée par l'idée de Dieu et l'amour de l'humanité !

Absorbé dans cette pensée, je n'écoutais plus mon compagnon ; il s'en aperçut, et m'arrêtant d'un geste : « Regarde, me dit-il, regarde ces
« deux hommes, ils sont de conditions sociales
« différentes ; l'un est un savant, l'autre est un
« simple ouvrier. Cependant ils se serrent fra-
« ternellement les mains, au grand jour, devant
« tout le monde, sans ostentation de la part de
« l'un, comme sans humilité de la part de l'autre,
« et cela parce qu'ils savent que devant Dieu,
« ils sont d'une valeur égale en raison du complet
« développement de leur intelligence et de leurs
« aptitudes personnelles. »

Mais, ajoutai-je, ces hommes qui vivent par l'esprit et par le cœur, forcés d'entretenir des relations d'intérêts avec la société qui les entoure, où tout est livré au hasard, au caprice et à l'arbitraire, doivent avoir pour elle un mépris profond ? et dès lors, cette société blessée dans son orgueil, doit à son tour considérer ces philosophes comme des propagateurs de mauvaises doctrines et des perturbateurs de l'ordre de choses établi ?

« Tu te trompes, reprit-il, ces hommes cher-
« cheurs infatigables de la vérité, n'ont et ne peu-
« vent avoir de mépris pour d'autres hommes
« comme eux, créatures de Dieu, parce que,
« connaissant le cœur humain et toute sa fragilité,

« ils savent que l'exemple du bien , l'indulgence
« et la modération sont des armes plus efficaces,
« pour dissiper les haines et combattre les mau-
« vaises passions, que la vengeance et toutes les
« les lois de répression.

« Quant à la société, au milieu de laquelle
« vivent ces hommes de bien, elle ne les repousse
« pas. Elle les admet au contraire avec empres-
« sement, dans toutes ses relations sociales,
« assurée qu'elle est de leurs jugements éclairés,
« de leur moralité et même de la supériorité de
« leur intelligence mieux cultivée. Que lui importe
« à cette société, dont toute la préoccupation est
« la richesse facile, la vie commode et la jouis-
« sance de toutes choses sans obstacles, ni en-
« traves, que ces hommes vivent d'une autre vie
« que la sienne, pourvu que leur contact soit
« pour elle une cause de profit.

Mais alors, continuai-je, pourquoi les bons
exemples de cette association n'entraînent-ils
pas tous les hommes à pratiquer ses doctrines et
ses préceptes philosophiques ?

« Cette révolution morale est dans les desseins
« du grand architecte de l'univers! dit-il d'une
« voix prophétique, les temps approcheront en
« raison de la bonne volonté de l'homme et de
« sa persévérance dans le bien. En attendant
« l'humanité aura encore à combattre des ennemis

« redoutables : la Ruse, l'Envie, l'Ignorance, l'Or-
« gueil, le Mensonge et l'Egoïsme, fléaux vivants
« qui pèseront longtemps sur les destinées du
« monde ! »

Et quel est le nom de ces hommes vertueux ?
« Ce sont des Francs-Maçons. »

Quelle est leur religion ?
« Celle de leurs pères. »

La Franc-Maçonnerie n'a donc pas une religion
spéciale ?

« Non. Les principes de la Franc-Maçonnerie
« reposant sur la Liberté, elle s'arrête avec
« respect au seuil de la conscience humaine.
« Elle étudie toutes les religions afin d'en con-
« naître la morale et la philosophie ; puis se pla-
« çant à un point de vue élevé, elle professe la
« tolérance la plus complète pour tous les cultes
« qui ont pour base fondamentale l'unité de Dieu
« et l'immortalité de l'âme; fermement convaincue
« en cela, que le perfectionnement moral et in-
« tellectuel qu'elle enseigne à tous ses adeptes,
« les dispose admirablement à pratiquer la reli-
« gion dans laquelle ils sont nés. »

Quelles sont, demandai-je, les conditions né-
cessaires pour entrer dans cette association ?

« La Franc-Maçonnerie, répondit-il, n'exige,
« des hommes qui demandent à devenir membres

« de l'association, que bonne volonté, sincérité
« de cœur et dévouement. Lorsqu'un profane se
« présente pour être initié aux mystères, les
« Franc-Maçons lui demandent une confession
« entière de son passé ; si cet homme a été faible
« ou même coupable, mais qu'il soit animé d'un
« sincère repentir, il est initié au premier degré;
« puis ses nouveaux frères, en raison de ses
« faiblesses ou de sa faute passée, l'entourent
« d'une constante sollicitude ; ils l'instruisent sur
« ses devoirs ; parlent à son cœur ; éclairent son
« esprit, en le soumettant à des épreuves graduées;
« et c'est ainsi que par une œuvre de dévouement,
« intelligente et morale, ils parviennent à faire,
« d'un homme imparfait ou même coupable, que
« la société profane aurait repoussé ou ignomi-
« nieusement flétri, un homme utile à ses sem-
« blables, un véritable enfant de Dieu !

« Ainsi, tu le vois, dans cette association fra-
« ternelle et philosophique, tout est prévu, calculé,
« organisé ; tout est juste ; tout est parfait.

« Heureux ceux qui auront voulu voir !

« Heureux ceux qui auront voulu comprendre ! »

Et mon guide cessa de parler.

La lumière disparut ; je fus saisi d'une com-
motion violente et, seul, je me réveillai dans
ma triste réalité.

IV.

Tel fut mon rêve ! hélas ! ce n'est qu'un rêve ! et cependant, si, écoutant la voix de notre cœur, si, faisant appel à notre conscience, à nos lumières et à notre bonne volonté, nous pouvions accomplir ce miracle — changer le rêve en une réalité —, pourquoi ne le tenterions-nous pas ?

Dieu a dit à l'homme : « Tu es libre, pour le « bien comme pour le mal, ton pouvoir est sans « limites ! »

Cette force indéfinie nous la possédons toute entière ; nous la sentons en nous ; nous avons le droit de la diriger à notre gré. C'est un trésor précieux que le Créateur nous a confié et dont nous aurons un compte sévère à lui rendre au jour du jugement, selon que nous en aurons fait un bon ou un mauvais usage.

Mettre ce levier puissant au service de la cause de l'humanité, c'est le devoir de tout homme libre. Pour le Franc-Maçon, c'est plus qu'un devoir, c'est une mission ; et cette mission est d'autant plus absolue, que la Franc-Maçonnerie séparée de la société par des pratiques mystérieuses et se renfermant dans des temples impénétrables, a besoin de se faire pardonner, en quelque sorte, son insolidarité sociale.

Pour atteindre ce but tant désiré par tous les

vrais Francs-Maçons, il faut que la Franc-Maçonnerie entre résolûment dans la voie pratique que
lui tracent les besoins sociaux du dix-neuvième
siècle. Ces besoins sont nombreux et de tout
ordre ; mais le plus impérieux, c'est la Solidarité
morale et matérielle.

La Solidarité : mot simple, chose immense !
mais dont la réalisation est encore à l'état latent ;
problème sans cesse posé, mais jamais résolu.
Et pourtant, est-il dans l'histoire des peuples,
une époque où l'absence de cette force sociale se
soit fait sentir autant qu'à la nôtre, où les anta-
gonismes, les ambitions personnelles, l'égoïsme
érigé en culte ont été les causes premières de
tous nos désastres nationaux ? Non. Il serait pourtant utile et grand temps de le comprendre.

La Franc-Maçonnerie, circonscrite dans des
pratiques, que de hautes influences avaient limi-
tées au rôle étroit de Société de Bienfaisance, ne
pouvait pas, sans être menacée dans son existence, aborder l'étude des grandes questions
sociales, dont le principe de la Solidarité doit être
la base ; aussi, est-ce avec douleur, mais sans
étonnement, que, questionnant des Francs-Maçons
sur le but de la Franc-Maçonnerie, je les ai
entendus répondre invariablement : « C'est une
association humanitaire et fraternelle, dans laquelle
les membres se prêtent aide et protection. »

Évidemment. cette définition exprime exactement un des côtés utiles de la Franc-Maçonnerie, mais ce n'est qu'un des côtés.

En effet, peut-on croire qu'il suffise, pour se dire Franc-Maçon, de payer exactement des cotisations et verser quelques oboles dans le tronc de bienfaisance du frère hospitalier afin de venir en aide aux frères nécessiteux ?

Pouvons-nous croire, qu'il suffise de nous réunir périodiquement pour initier quelques profanes ; entendre quelques discours, dont, par avance, on connaît et le fonds et la forme, pour nous dire instruits ?

Pouvons-nous croire, enfin, qu'il suffise de discuter quelques points de doctrine, ou de résoudre quelques hautes questions de philosophie ou de conscience, pour nous enorgueillir d'avoir fait quelque chose d'utile ?

Non, ceci n'est pas la véritable Franc-Maçonnerie. Il faut qu'elle s'élève plus haut ; sa mission principale est de placer l'homme en face de lui-même ; de lui enseigner le but de la vie afin qu'il en apprécie toute la grandeur et qu'il en comprenne toute l'utilité.

Il faut que l'Association Franc-Maçonnique organise un système financier capable d'assurer tous ses membres, non-seulement contre la misère, mais encore et surtout contre tous les désastres commerciaux et industriels qui pourraient les frapper et compromettre leur existence et leur honneur.

Il faut, enfin, que le Franc-Maçon travaille sans cesse et d'une manière tout exceptionnelle à développer ses facultés intellectuelles, à appliquer utilement ses véritables aptitudes; à se perfectionner dans la pratique de toutes les vertus; et lorsqu'il paraîtra dans la Société profane, sans qu'il soit obligé de dire ce qu'il est, ou à quelle Société il appartient, il faut qu'on le reconnaisse à la manière parfaite dont il aura exécuté une œuvre de son génie, de son intelligence ou simplement de ses mains.

Le Franc-Maçon, quelle que soit l'étendue plus ou moins grande de ses facultés intellectuelles ou la nature de ses aptitudes, ne peut pas rester un être inférieur ni vulgaire, il faut qu'il soit le type de la perfection humaine.

Que faut-il pour atteindre ce but ?

Travailler en commun à son instruction mutuelle.

Avoir une foi complète et sincère dans la puissance des principes maçonniques.

Constante volonté pour le bien, le beau et le vrai.

Persévérance en toutes choses, à l'épreuve de tous les découragements.

Dévouement absolu à la cause commune.

Ce n'est pas tout. Pour que la Franc-Maçonnerie puisse accomplir sa mission, il faut que
l'indifférence, ce parasite destructeur de toutes
choses, fasse place à la volonté ardente et active.

La Franc-Maçonnerie n'est pas une armée où
les hommes sont enrôlés par une loi de contrainte;
c'est une association libre, dans laquelle nul
homme ne peut être admis que volontairement et
avec une parfaite connaissance de cause, et dont
il a accepté, avec sa pleine raison, la loi qui la
régit. Le Franc-Maçon n'a donc pas le droit de
s'y soustraire.

La Franc-Maçonnerie n'est pas une Société de
secours mutuels, parce que l'obligation pour elle
de venir en aide à ses membres n'est qu'un des
préceptes de la Loi, mais ce n'est pas la Loi !

La Franc-Maçonnerie n'est pas non plus une
forme de gouvernement, parce que sa philosophie
sociale et sa haute morale la plaçant au-dessus
des intérêts politiques de tout ordre, agissant
dans un cercle d'indépendance intellectuelle et
humanitaire, elle repousse toutes les idées sub-
versives qui pourraient troubler l'ordre politique
établi. En un mot, c'est une République universelle, dont la grande synthèse est la régénération
du monde par le développement complet des fa-

cultés de l'homme qui l'élèvent et le rapprochent de Dieu.

De tout temps la Franc-Maçonnerie a été persécutée ; de nos jours elle est en butte à la calomnie et à la haine, souvent au ridicule, soit dans l'ordre social ou politique, soit dans l'ordre religieux. Aucun parti ne s'est fait un scrupule d'exploiter la crédulité publique contre les mystères dont l'Association s'entoure, en signalant les Temples Maçonniques comme les véritables foyers de toutes les révolutions.

Quelle est la cause de cette haine et de cette calomnie contre une Association qui a eu le pouvoir d'attirer à elle les hommes les plus éminents en vertus, dans les sciences, les lettres, les beaux-arts et même dans la religion. Cette cause ne la cherchons pas en dehors des Francs-Maçons eux-mêmes ; elle est toute dans leur indifférence et dans leur négligence à pratiquer les préceptes que commande la loi maçonnique.

En présence de nos mystères, la calomnie publique, résultant de l'ignorance générale de nos pratiques Maçonniques, est excusable. Devant les conséquences désastreuses de cette ignorance publique, notre indifférence est un crime. En effet, si l'indépendance et la sécurité de notre Association nous imposent l'obligation du mystère et nécessitent le secret le plus absolu, notre devoir et notre dignité nous commandent de donner à tous nos actes sociaux, politiques, religieux et professionnels ce degré de perfection, ou tout au moins de supériorité qui est le caractère distinctif de la véritable Franc-Maçonnerie.

Or, ou nous croyons que la Franc-Maçonnerie est une institution utile, une Association capable de contribuer au bonheur de l'humanité, ou nous ne le croyons pas. Si nous croyons à ses principes philosophiques et à son action civilisatrice, nous lui devons toute notre intelligence, toute notre activité et tout notre dévouement ; c'est le serment que fait le Franc-Maçon lorsqu'il est initié aux mystères ; et manquer à ce serment, c'est abdiquer sa dignité d'homme ; c'est plus qu'un crime, c'est un déshonneur !

Si nous ne croyons plus que la Franc-Maçonnerie soit nécessaire au progrès et au bonheur de l'humanité, détruisons-la. Séparons-nous et donnons à d'autres occupations le temps que nous perdrions dans des réunions où le plaisir, l'intérêt personnel et la vanité auraient seuls part. Fermons nos Temples devenus inutiles, dans lesquels les réunions deviendraient suspectes, les mystères, des mystifications bouffonnes et les riches ornements dont nous nous décorons, des oripaux ridicules, indignes d'être portés par des hommes qui se respectent.

Être, ou n'être pas, c'est le sort, désormais,

réservé à la Franc-Maçonnnerie. Pour être, et se mouvoir librement dans un cercle d'indépendance utile et respectée par le monde profane, il lui faut entrer franchement dans la vie pratique de la solidarité et du perfectionnement moral et intellectuel. Il faut que la Franc-Maçonnerie éclaire l'opinion publique sur la sincérité et l'utilité des principes philosophiques et moraux qu'elle enseigne et sur son but final.

Il faut que les Francs-Maçons prouvent par leurs actes que la Franc-Maçonnerie bien comprise et bien pratiquée, c'est la dignité humaine relevée, l'ordre, la justice, l'amour de Dieu, de la patrie et de la famille.

Il faut encore que la Franc-Maçonnerie démontre, d'une manière évidente, qu'elle comprend le véritable progrès; qu'elle sait que chaque grande phase de l'humanité, que chaque siècle même apporte ses idées, ses mœurs, ses besoins et ses aspirations; et que, tout en respectant les traditions d'un passé glorieux, il ne faut pas méconnaître la marche ascendante de l'avenir.

Il faut, enfin, que la Franc-Maçonnerie prouve victorieusement que sa science sociale et ses principes philosophiques n'ont qu'une seule devise: *ORDRE, TRAVAIL, DÉVOUEMENT;* qu'un seul but : le *BONHEUR DES HOMMES!*

— 27 —

A S. M. GUILLAUME, ROI DE PRUSSE,

GRAND - MAITRE

DE LA FRANC-MAÇONNERIE ALLEMANDE.

SIRE ,

La Franc-Maçonnerie, dont les principes sont : *Liberté, Égalité* et *Fraternité* des peuples, ne peut plus rester spectatrice inactive et muette du carnage barbare, sans précédent dans l'histoire, qui décime depuis trois mois deux grandes nations civilisées, retarde la marche du progrès et déshonore l'humanité : elle se sent émue de tant de sang versé sans motif avouable, car les causes qui ont déterminé la guerre entre la France et la Prusse ne touchant en rien les intérêts nationaux des deux peuples, ils auraient énergiquement refusé, s'ils avaient été consultés, de suivre leurs souverains dans un duel tout personnel entre Empereur et Roi.

Votre parole royale, Sire, a affirmé cette vérité le jour où, solennellement devant l'Europe entière, elle déclara aux populations de l'Alsace et de la Lorraine : *Ce n'est pas à la nation française que je fais la guerre, c'est à l'Empereur des Français.* Sire, l'Empereur des Français est tombé lâchement par la capitulation de Sedan, en livrant à la Prusse l'armée de la France, si pleine d'ardeur, de courage et de patriotisme ; de ce jour, la guerre entre les deux nations avait perdu son prétexte, et la France reprenant ses droits imprescriptibles de souveraineté nationale, confiante dans votre parole royale, avait tout lieu de croire que la cause de la guerre ayant disparu à tout jamais, la guerre devait cesser.

Cette attente légitime, basée sur une déclaration souveraine dont la sincérité ne pouvait être mise en doute, a été trompée; la lutte fratricide se continue encore, et le sang humain coule toujours ! Nous laissons à l'histoire le soin de qualifier cet acte autoritaire d'un roi qui force deux peuples, unis depuis longtemps par des affinités intellectuelles et des aspirations philosophiques de l'ordre le plus élevé, à s'entr'égorger sans but, à moins que ce ne soit (ce qui serait monstrueux) pour seconder des ambitions dynastiques ou satisfaire des haines personnelles.

Les souverains semblent trop l'oublier : au dix-neuvième siècle, les peuples ne sont plus la propriété d'un roi ou d'un empereur : ce sont des citoyens libres, que la langue, les latitudes et des limites de territoire ont organisés en nations indépendantes, dont quelques-unes acceptent encore par nécessité ou subissent par la force le pouvoir personnel et despotique d'un chef monarchique, mais qui toutes aspirent au jour béni où elles pourront nommer, pour les gouverner, les hommes dont la sagesse ou le génie mérifera leurs suffrages.

Au dix-neuvième siècle, alors que les voies ferrées ont détruit moralement les frontières et relié les nations entre elles; alors que les rapports internationaux, par l'étude des langues, ont permis le libre-échange des idées, aussi bien que l'échange des produits de l'agriculture, des arts et de l'industrie ; alors, enfin, que les intérêts commerciaux les plus étendus les rapprochent et les rendent de plus en plus solidaires les uns des autres, les peuples ne veulent plus se faire la guerre, parce qu'ils comprennent que seuls ils en supportent tout le poids et tous les désastres, qu'elle compromet leur prospérité et leur sécurité mutuelles, d'où dépendra seulement et désormais le véritable équilibre européen.

Continuer cette guerre d'envahissement, de destruction et de spoliation, alors qu'elle ne peut plus être justifiée par une cause légitime, est un crime que condamne le droit, la justice et l'humanité, et ce sera assumer sur vous, Sire, et sur toute votre dynastie, une responsabilité terrible en face du monde entier, vis-à-vis de la postérité et devant Dieu, que de persévérer dans cette voie impie et sauvage.

Vous ne le voudrez pas, Sire ; vous ne le voudrez pas comme roi d'une grande nation civilisée, qui aurait le droit de vous maudire si vous fouliez aux pieds les apanages sacrés qui font la grandeur des rois et la force morale des peuples.

Vous ne le voudrez pas, frère, comme fils de la grande famille maçonnique, à laquelle vous appartenez par le lien sacré des principes de fraternité universelle, car elle aurait le devoir douloureux et le pouvoir absolu de vous condamner à la peine infamante qu'elle inflige aux traîtres et aux parjures.

Au nom des principes de la Franc-Maçonnerie universelle, nous venons faire un appel suprême aux devoirs maçonniques auxquels vous avez juré d'être fidèle ; nous venons, très-cher frère et grand-maître, avec tout le respect et toute la déférence que l'on doit à un souverain, mais aussi avec toute l'autorité que nous donne le titre de Franc-Maçon, vous dire : Sire, l'heure a sonné, il faut mettre l'épée au fourreau ; votre orgueil de monarque doit être satisfait par des victoires que l'histoire et la postérité jugeront, mais qu'avec nous, frère, dans votre conscience maçonnique, vous avez déjà qualifiées.

Vous avez envahi la France par la force brutale du nombre et par des engins de destruction, dont l'invention sera la honte des hommes qui ont mis leur génie et leur activité au service du mal, vous n'avez pas vaincu la France ! Ne l'oubliez pas, Sire, la France, défendant son indépendance nationale, ses institutions démocratiques, ses foyers et ses familles, est invincible. La France, forte de son droit, ne capitulera jamais, car chaque citoyen français, ayant déjà fait le sacrifice de sa vie, est décidé à mourir plutôt que de souffrir que la patrie subisse aucun démembrement, aucune humiliation. Ne poussez pas un peuple à cette lutte suprême du désespoir, alors qu'il ne réclame que l'intégrité de son territoire et son indépendance nationale, qu'il n'a d'autres aspirations que l'amour du bien et du beau, qu'il entend professer le plus grand respect pour toutes les nationalités, et qu'il n'a d'autre ambition que les conquêtes pacifiques de l'esprit humain.

Assez de sang versé, frère et roi, pour des gloires qui, lorsqu'elles n'engendrent pas des haines nationales que se transmettent les générations, ne laissent après elles que ruines, deuils et désespoirs.

Sire,

Entrez bravement et loyalement dans la voie féconde de la paix; elle peut se faire honorablement pour les deux na ions sur des bases équitables : alors les deux peuples, oubliant les excès inhérents aux luttes sanglantes, cicatriseront mutuellement leurs blessures. Ils jureront, dans une étreinte fraternelle, de ne plus avoir d'autre champ de bataille que celui du travail, d'autres victoires que celles du génie, et d'autres conquêtes que celles qui rapprochent l'homme de Dieu !

Sire,

Le monde attend, l'humanité commande, la Franc-Maçonnerie oblige ! ! !

Pamiers, 25 octobre 1870.

HIPPOLYTE LAZERGES.˙.

Pamiers, Imprimerie de T. Vergé.

DÉSACIDIFIÉ A SABLÉ
EN : Juin 1998